BEI GRIN MACHT SICH IHR WISSEN BEZAHLT

- Wir veröffentlichen Ihre Hausarbeit, Bachelor- und Masterarbeit

- Ihr eigenes eBook und Buch - weltweit in allen wichtigen Shops

- Verdienen Sie an jedem Verkauf

Jetzt bei www.GRIN.com hochladen und kostenlos publizieren

Bibliografische Information der Deutschen Nationalbibliothek:

Die Deutsche Bibliothek verzeichnet diese Publikation in der Deutschen Nationalbibliografie; detaillierte bibliografische Daten sind im Internet über http://dnb.d-nb.de/ abrufbar.

Dieses Werk sowie alle darin enthaltenen einzelnen Beiträge und Abbildungen sind urheberrechtlich geschützt. Jede Verwertung, die nicht ausdrücklich vom Urheberrechtsschutz zugelassen ist, bedarf der vorherigen Zustimmung des Verlages. Das gilt insbesondere für Vervielfältigungen, Bearbeitungen, Übersetzungen, Mikroverfilmungen, Auswertungen durch Datenbanken und für die Einspeicherung und Verarbeitung in elektronische Systeme. Alle Rechte, auch die des auszugsweisen Nachdrucks, der fotomechanischen Wiedergabe (einschließlich Mikrokopie) sowie der Auswertung durch Datenbanken oder ähnliche Einrichtungen, vorbehalten.

Impressum:

Copyright © 2017 GRIN Verlag
Druck und Bindung: Books on Demand GmbH, Norderstedt Germany
ISBN: 9783346134820

Dieses Buch bei GRIN:

https://www.grin.com/document/536500

Davis Gitt

Sportmarketing

Analyse, Merchandising und Licensing, Digitalisierung, Sponsoring

GRIN Verlag

GRIN - Your knowledge has value

Der GRIN Verlag publiziert seit 1998 wissenschaftliche Arbeiten von Studenten, Hochschullehrern und anderen Akademikern als eBook und gedrucktes Buch. Die Verlagswebsite www.grin.com ist die ideale Plattform zur Veröffentlichung von Hausarbeiten, Abschlussarbeiten, wissenschaftlichen Aufsätzen, Dissertationen und Fachbüchern.

Besuchen Sie uns im Internet:

http://www.grin.com/

http://www.facebook.com/grincom

http://www.twitter.com/grin_com

Deutsche Hochschule für
Prävention und Gesundheitsmanagement
Hermann Neuberger Sportschule 3
66123 Saarbrücken

Einsendeaufgabe

Fachmodul:	Sportmarketing
Studiengang:	Sportökonomie
Datum **Präsenzphase:**	10.04.2017-13.04.2017
Name, Vorname:	Gitt, Davis
Studienort:	**Hamburg**
Semester:	**WS/2015**

Inhaltsverzeichnis

1 SWOT-ANALYSE 3

2 MERCHANDISING UND LICENSING 9

2.1 Wer 9

2.2 Was 9

2.3 Wem 10

2.4 Bedingungen 10

2.5 Kanäle 10

2.6 Begleitmaßnahmen 11

2.7 Zeitraum 11

3 DIGITALISIERUNG 12

4 SPONSORING 15

4.1 Fiktives Wirtschaftsunternehmen StrongStep 15

4.2 Sponsoringprozess 16

4.3 Erfolgskontrolle 18

5 LITERATURVERZEICHNIS 19

6 TABELLENVERZEICHNIS 20

1 Swot-Analyse

1.1. Teilanalysen XY Fußballclub

Stärken:

1. Jugendarbeit

   Der XY konzenrtiert sich stark auf junge Fans und Mitglieder. Dazu hat XY eine gute Jugendförderung, was daran zu erkennen ist, dass z.B die B-Junioren Mannschaft seit mehreren Jahren sich in der Bundesliga Süd/Südwest hält. Außerdem ist die A-Jugendmannschaft von XY von 2014 bis 2016 bei den A-Jugendmeisterschaften immer in das Finale gekommen. Der XY hat drei spezielle Zentren, indem Kinder und Jugendliche verschiedener Altersklassen professionell gefördert werden, um eines Tages Fußballprofiniveau erreichen zu können. Dazu bietet der XY auch eine Menge an Merchandising und Fanartikel für junge Leute.

2. Finanzierung durch Sponsor

   XY hat durch seinen Sponsor XY seit mehreren Jahren eine große Geldquelle. Der Gründer von XY, der den XY Fußballclub seit vielen Jahren mit hohen Geldsummen finanziert, ist seit 2015 Besitzer des Fußballclubs. Seine finanzielle Unterstützung ist ein Grund, weshalb der XY in der 1.Fußball Bundesliga erfolgreich aktiv ist. Durch den deutschen XY Konzern, kann sich der Club viele große Anlagen und professionelle Mitarbeiter leisten. Zum Beispiel investierte er bereits:
   Eine Analyse von Konzept und Leistungsvoraussetzungen des Modells XY. Bachelorarbeit (2009, S. 32) „90 Millionen für den Bau zweier Stadien und eines Trainingszentrums, 40 Millionen für den Bau und Erhalt von Jugend- Förderzentren aus der XY, 25 Millionen für neue Spieler zur Saison 2007/2008 bzw. 2008/2009 und 20 Millionen an Darlehen für den Spielbetrieb. "

3. Stadion XY-Arena

   Das XY Stadion bietet Platz für 30150 Zuschauer.

4. Fußballerlebnis

   Die XY bietet ein großes Fußballerlebnis, da das XY Team sehr Konstant spielt. XY hat eine sehr unterhaltsame Spielweise, durch die gute Mannschaft. Außerdem ist XY für jede Mannschaft, immer ein schwerer Gegner, auf den man sich gut einstellen muss.

5. Professionelles Marketing

   Durch XY hat XY einen Sponsor hinter sich, der genau weiß wie professionelles Marketing funktioniert.

Schwächen:

1. Sponsor Abhängigkeit

   Der Fußballclub ist vom Sponsor abhängig. Sollte sich XY bzw. XY in nächster Zeit entscheiden den XY nicht mehr zu unterstützen, ist der XY gefährdet sich finanziell selbständig zu halten. Der Club hätte enormen Druck, da er sich hauptsächlich durch Erfolge finanzieren müsste. Das wäre jedoch auch schwierig, da Personal ohne eine Geldquelle kaum zu bezahlen ist.

2. Niedrige Mitgliederzahl

   Der XY gehört zu den Mannschaften mit den niedrigsten Mitgliederzahlen in der Bundesliga. Zurzeit ca 7000 Mitglieder im Vergleich FC Kaiserslautern hat 19000 Mitglieder. Ein Hauptgrund für die niedrige Mitgliederzahl der XY ist natürlich die niedrige Einwohnerzahl der Stadt mit etwa über 3200. Auffällig ist, dass es viele Mitglieder von außerhalb Hoffenheims gibt. Der Club kann aufgrund der wenigen Mitglieder mit den Mitgliedsbeiträgen kaum wirtschaften.

3. Stadion kaum ausverkauft

   Das Stadion bietet Platz für 30150 Zuschauer. Leider sind bei sehr vielen Spielen viele Plätze frei.

Chancen:

1. Verkauf von Jugendspielern

   Da XY starke Jugendmannschaften hat sind die Spieler sehr Wertvoll. Durch den Verkauf von Jugendspielern, kann der Verein selbständig Geld erwirtschaften.

2. Europapokal International

   Durch den aktuellen Tabellenplatz in der 1. Bundesliga, kann sich XY freuen in der nächsten Saison International um den Europapokal zu spielen. Das bedeutet sie haben die Chance International Erfahrung zu sammeln und mit viel Glück den Titel zu holen. Durch einen Erfolg können sie unabhängiger vom Investor werden.

3. Jugendarbeit für die Zukunft

   Durch die gute Jugendarbeit hat der XY Fußballclub gut ausgebildete Spieler. Für die Zukunft sind diese Spieler sehr wichtig, da sie Später in der 1. Bundesliga Mannschaft der XYer für weitere Erfolge mitwirken können.

4. Bekanntheit steigern international

   Durch das Auftreten international und mit einer guten Leistung, kann XY seine Bekanntheit im Weltfußball steigern.

Risiken:

1. Image Problem

   Nach außen hat XY viele Kontrahenten, aufgrund der Finanzquelle, die sie haben. XY wird auch als Retortenclub bezeichnet, was so viel bedeutet, wie zusammengekaufte Spieler ohne Jugendarbeit. Bei einem Verein der durch einen Investor geführt wird, will der Investor schnell einen Gewinn erwirtschaften. Die Erfolge müssen deswegen für den Investor schnell erreicht werden, sodass keine Zeit bleibt etwas Nachhaltiges aufzubauen. Aus diesem Grund entsteht der Eindruck von fehlender Tradition und Fußballfans fangen an Hass auf den Verein auszuüben.

2. Keine Erfahrung international

   Der XY hat keine Erfahrung international zu spielen. In der nächsten Saison werden sie im Europapokal mitspielen. Die gegnerischen Mannschaften werden andere sein als in der Bundesliga. Die XY-Spieler müssen sich auf längere Fahrtstrecken einstellen oder auf Flüge in andere Länder einstellen. Für einige Spieler und Trainerpersonal, kann das sehr belastend sein.

3. Rückgang der Zuschauer durch andere Vereine

   XY ist in der Region umgeben von anderen großen Fußballvereinen wie z.B. VFB Stuttgart oder dem Eintracht Frankfurt. Bei schlechter Leistung könnten Fans Zuschauer und sogar Mitglieder das Interesse zu anderen Vereinen erhöhen. Das hat zufolge, dass die Mitgliederzahlen sinken könnten und das Stadion nicht mehr besucht wird.

4. Stadion Gewalt

   Die Gewalt in den Fußballstadien nimmt zu. Oft führen Gewalttaten in Stadien zu Verletzten oder Sachbeschädigung durch Fans. Dadurch entstehen hohe Kosten.

1.2. SWOT-Matrix

Tab: SWOT-Matrix

SWOT-Analyse	Externe Analyse	
Interne Analyse	Chancen (Opportunities): 1. Verkauf von Jugenspielern 2. Europapokal International 3. Jugendarbeit für die Zukunft 4. Bekanntheit steigern International	Risiken (Threats): 1. Image Problem 2. Keine Erfahrung International 3. Rückgang der Zuschauer/Fans/Mitglieder durch andere Vereine 4. Stadion Gewalt
Stärken (Strength): 1. Jugendarbeit 2. Finanzierung durch Sponsor 3. Zuschauerkapazität XY-Arena 4. Fußballerlebnis 5. Professionelles Marketing	SO-Strategien: 1. Durch ein gutes Auftreten der Mannschaft international, spielerisch als auch menschlich, kann XY positiv auf sich aufmerksam machen und das Fußballerlebnis, das XY zu bieten hat, auch International zu präsentieren. 2. Mithilfe des professionellen Marketings durch die XY, sollte XY seine Fanartikel auch auf Auswärtsspielen international anbieten. Je erfolgreicher die Mannschaft in der Liga als auch International desto mehr Fußballinteressierte macht XY auf sich aufmerksam. Dadurch kann der Verkauf der Merchandise Artikel gesteigert werden.	ST-Strategien: 1. Mithilfe der Finanzkraft der XY, sollte für mehr Sicherheit und Kontrolle investiert werden, um Gewalttaten im Stadion zu vermeiden. 2. Durch weiterlaufende ständig intensive Jugendarbeit und Schaffung eines Fußballerlebnisses beim Besuch des XYer Stadions, kann das Image Problem immer weiter verdrängt werden. 3. Um den Rückgang der Fans/Mitglieder/Zuschauer zu vermeiden, sollte für mehr Angebote im Verein und im Stadion mit der Hilfe der Sponsor Gelder investiert werden. Außerdem sollte mehr für das Fußballerlebnis geworben werden, das XY bietet. Durch die professionelle Marketingarbeit der XY ist es möglich viele Zuschauer, Fans und Mitglieder auch von außerhalb XYs zu generieren.

Schwächen (Weaknesses):	WO-Strategien:	WT-Strategien:
1. Sponsor Abhängigkeit
2. Niedrige Mitgliederzahl
3. Stadion kaum ausverkauft	1. Durch viel internationale Präsenz und gutes Auftreten, kann XY neue Mitglieder bei Auswärtsspielen gewinnen. Dafür sollte Marketing auch auf Aufwärtsspielen im Ausland betrieben werden. Durch höhere Mitgliederzahlen sinkt auch die Abhängigkeit von dem Sponsor.
2. Dadurch dass XY International spielt, sind sie auch Gastgeber für ausländische Mannschaften. Dadurch Reisen die Fans der gegnerischen Mannschaften mit um ihre Mannschaft zu unterstützen. Im Europapokal spielen hauptsächlich erfolgreiche Mannschaften, das wird auch Fußballfans aus der Region verleiten in das Stadion von XY zu gehen.
3. Die gute Jugendarbeit sollte weiterhin ausgebaut werden. Je besser sie ist desto bessere Zukunftschancen bieten sich für XY. Einerseits finanziell durch den Verkauf von Talenten andererseits auch für sich selber, da sie auch Talente für die eigene 1. Mannschaft benötigen um in der 1. Bundesliga erfolgreich zu sein. Dadurch dass Talente aus der Jugendmannschaft in die 1. XYer Bundesliga Mannschaft gehen, spart XY Geld für den Einkauf anderer von anderen Vereinen. XY wird unabhängiger vom Sponsor.	1. Es sollte vermieden werden die Sponsor Abhängigkeit nach außen hin zu zeigen, um das Image nicht weiterhin zu gefährden.
2. Auf Stadion Gewalt sollte sich XY immer einstellen in Heim- sowie in Auswärtsspielen. Durch Werbekampagnen „Gegen Gewalt", kann das Interesse eines Stadionbesuchs von Fans geweckt werden. „Gegen Gewalt" vermittelt einen Ausdruck von Sicherheit, das könnte dazu veranlassen das Stadion zu füllen und Mitglieder zu werben.

2 Merchandising und Licensing

Golfclub: 25-jähriges Jubiläum

2.1 Wer

Das komplette Merchandising soll in Eigenregie durchgeführt werden. Der gesamte Vertrieb des neuen Sortiments soll über den Golfclub selber erfolgen. Der Vertrieb der Produkte soll hauptsächlich in der Stadt erfolgen, da es der einzige Golfclub in der Stadt ist. Durch die Eigenregie kann viel Geld gespart werden, da der Golfclub keine Auftragsgeber bezahlen muss.

2.2 Was

Im Fanartikel Sortiment sollen folgende neue Produkte angeboten werden:
1. Neuartige Golfschläger für Kinder und Jugendliche. Die Schläger sollen die Eigenschaft haben die Länge regulieren zu können, so kann der Schläger auf die Körpergröße des Kindes angepasst werden. Der Schläger soll in den Farben des Goldclubs veredelt werden.
2. Laute Rasseln für Fans in Form eines Dicken Golfschlägers in den Farben des Golfclubs sollen eins der neuen Kernprodukte sein. Die Rasseln sollen ca. 25 cm lang sein. Auf Golfturnieren können Kinder und Erwachsene mit Freude Lärm machen und dabei das Logo von dem Golfclub herum schwingen.
3. Moderne hell holzartig gefärbte Gehstöcke für ältere Leute. Das Logo des Goldclubs soll in Gold auffällig, auf der Vorderseite des Gehstocks aufgedruckt werden. Herausgebracht werden soll es in einer limitierten Auflage, 10 Stück.
4. Fußtrittmatten in den Farben des Goldclubs und das Logo groß über die Fußmatte mit dem Kürzel des Namens vom Golfclub. Es ist ein saisonunabhängiges Produkt und ist im Alltag der Fans verwendbar.
5. Schwarze Kugelschreiber mit goldenen Logo des Goldclubs klein aufgedruckt. Am oberen Ende des Kugelschreibers soll sich ein kleiner Grauer Golfschlägerkopf befinden, der den Schreibstift rein- und rausschiebt. Gut geeignet für Geschäftsleute, die immer einen Kugelschreiber in der Tasche haben müssen. So hat der Fan immer ein Erinnerungsstück bei sich, was ihn an seinen Golfclub erinnert.

6. Weiße Cappies mit dem Logo des Golfclubs, damit die Golfer beim Spielen in der Sonne einen Kopfschutz haben. Es ist ein saisonspezifisches Produkt.
7. Schlüsselanhänger des Maskottchens vom Golfclub für die Generierung von Zusatzeinnahmen. Zählt zum saisonunabhängigen Produkt.
8. T-Shirt mit einer Aufschrift „25 Jahre" und dazu das Logo des Golfclubs.

2.3 Wem

Angesprochen werden sollen Erwachsene, Familien mit Kindern und Rentner.

2.4 Bedingungen

Die preispolitische Strategie die verfolgt wird, ist die Abschöpfungspreispolitik. Die Preise sind erst einmal hoch festgelegt. Bei sinkender Nachfrage werden die Preise gesenkt. Da zum 25-Jährigen Jubiläum ein Gutschein angeboten wird, muss dieser beachtet werden. Solange dieser gültig ist sind die Preise erhöht. Bei Ablauf des Gutscheins werden die Preise gesenkt um das Angebot attraktiv zu halten. Es wird keine Lizenznehmer geben, deswegen müssen auch keine Verträge abgeschlossen werden. Bei finanzieller Not wird das Thema Lizenzenvergabe erneut angeschnitten, jedoch ist man davon weit entfernt.

2.5 Kanäle

Es soll ein Eigenvertrieb stationär, also direkt an dem Ort des Golfclubs stattfinden. Ein Online-Shop ist nicht lohnenswert, da hauptsächlich aktive Golfer angesprochen werden sollen bzw. Golffans, die die Anlage oft besuchen. Jedoch sollte auf der Homepage des Golfclubs auf den Fanshop und das Sortiment aufmerksam gemacht werden. So können Interessierte, die sich über den Golfclub informieren auf die Produkte aufmerksam gemacht werden oder beim nächsten Besuch des Clubs bereits schon Information zu bestimmten Produkten einholen. Ein Fremdvertrieb zum Beispiel in einem Sportnahen Einzelhandel ist nicht notwendig, da es eine kleine Stadt ist und jeder den Golfclub ziemlich schnell erreichen kann.

2.6 Begleitmaßnahmen

In Sportgeschäften werden Poster ausgehängt um Golfinteressierte auf den Golfclub und deren Produkte aufmerksam zu machen. Auffallen sollen die Poster durch die große 25 und das Logo des Golfclubs. Die Kunden erhalten beim Einkauf in verschiedenen Sportgeschäften Flyer mit einem Einladungsschreiben zur 25-Jährigen Geburtstagsfeier auf dem auch die neuen Produkte abgebildet sind. Dazu gibt es einen Rabattgutschein von 25% auf den ersten Einkauf im Golfclub-Shop. So werden hauptsächlich Sportinteressierte zur Veranstaltung eingeladen. Mitglieder erhalten die Einladung und den Rabattgutschein per Mail und per Post.

2.7 Zeitraum

Die 25-Jährige Existenz des Golfclubs wird ein Jahr lang nach außen erkennbar sein. Nach einem Jahr wird eine Erfolgsauswertung des Merchandising Konzepts erfolgen. Im Laufe des Jahres wird ermittelt wie das neue Sortiment bei den Fans und Mitgliedern ankommt. Unbeliebte Produkte werden dann aus dem Sortiment entnommen. Außerdem wird ermittelt, wie viele Mitglieder im Laufe des Jahres generiert worden sind. Im neuen Jahr steht dann ein neues Konzept an.

3 Digitalisierung

3.1 Hypothetischer Verein

Tab. 2 hypothetischer Verein

Vereinstyp	Geselliger Traditionsverein
Vereinsangebot	Breitensport, Fußball, Tennis, Hockey
Mitgliederzahl	450
Anzahl bezahlter Mitarbeiter	8
Anzahl ehrenamtlicher Mitarbeiter	15

Der hypothetische Verein ist ein geselliger Traditionsverein, der nicht daran ausgerichtet ist Gewinn zu erzielen. Das Vereinsangebot besteht aus Breitensport, Fußball, Tennis und Hockey. Der Verein besteht aus 450 Mitgliedern. 8 Mitarbeiter arbeiten im Verein auf Bezahlung und kümmern sich um wichtige Marketing- und Führungsaufgaben. Im Verein sind 15 ehrenamtliche Mitarbeiter aktiv. Die meisten ehrenamtlichen Mitarbeiter sind Trainer und Betreuer.

3.2 Zielgruppen der App und Marketingziele

1. Fans/Mitglieder

Marketingziele

- Frühzeitig auf neue Produkte aus dem Fan-Shop aufmerksam zu machen, um vorzeitige Bestellungen zu generieren
- Erleichterung der Ticketkäufe durch bequemes Bestellen von der App aus

2. Potenzielle Sponsoren/Firmen

Marketingziele:

- Sponsoren und Firmen auf Werbefelder in der App aufmerksam zu machen, um z.B die App finanzieren zu können.
- Schaffung von Beziehungspflege zwischen Sponsor und Verein. Durch das Anbieten von Werbeflächen auf der App können neue Vertragsbedingungen geschaffen werden zum Vorteil des Vereins. Win-Win Situation durch Abgabe von Werbeflächen auf der App für den Sponsor und bessere Unterstützung des Sponsors z.B durch mehr Geld.

3.3 Inhaltliche Themen und Mehrwert der App

Tab. 3 App Inhalt

Themen	Mehrwert für den Kunden	Mehrwert für den User
Information zum anstehenden Spieltag und Ergebnisse/Tabellen/Liveticker	-Überblick über die abwesenden/anwesenden Mannschaften -direkter Gesamtüberblick über Leistung oder Erfolg der einzelnen Vereinsportarten	-Bekommt Information zum bevorstehenden Spiel -kann aktuelle Spielstände Live mit verfolgen ohne anwesend sein zu müssen - Sportler aus dem Verein können nächsten Gegner sehen und den aktuellen Tabellenplatz
Vereins-news/Neuigkeiten/Ereignisse	- Können User immer auf den neusten Stand halten - weniger Kosten für Produktion von Broschüren oder Flyern - Einladungen zu Veranstaltungen können direkt an User gelangen	-User ist immer über aktuelle Ereignisse im Verein Informiert -bietet Unterhaltung
Kommunikationsforum App-Nutzer erhalten eigenes Profil (Anmelde Name und Passwort)	-Vereinspersonal kann auch untereinander kommunizieren -vereinfachte Erreichbarkeit der Mitglieder und Fans	-User können miteinander kommunizieren Bessere Kontakt zu Vereinspersonal
Fanshop und Ticketverkauft	- Ticketverkauf wird erleichtert durch Onlineversendung - Sparen von Materialkosten -Das Drucken von Fanartikel-Sortiment-Katalogen wird vermieden, dadurch dass alles in der App aufgeführt wird (ökologischer)	-sofortiger Überblick vom gesamten Sortiment - Tickets müssen nicht mehr im Verein gekauft werden (Onlineabwicklung)

3.4 Chancen und Risiken der App

Chancen:

1. Sponsorengewinnung und Sponsorenerhalt

   Durch die App kann der Verein Werbung des eigenen Sponsors einfügen, um auch die Aufmerksamkeit des Sponsors zu erhöhen. Außerdem kann man weitere Sponsoren generieren, indem man Werbefelder in der App anbietet.

2. Ausbaufähigkeit

   Eine App ist immer ausbaufähig. Mit Hilfe von Feedback der Nutzer kann die App immer besser werden. Durch Einführung von alltagsgebräuchlichen Programmen wie Wetter, Kalender oder Visitenkarten, kann die App zu einem alltäglichen Nutzungsprogramm werden. Dadurch entstehen Chancen auf neue App-Nutzer und Vereinsmitglieder.

Risiken:

1. App-Pflege

   Die App-Pflege kann sehr aufwendig sein. Damit die App auch ordentlich genutzt wird, müssen die Informationen über den Verein immer auf dem neusten Stand sein. Für diese Aufgaben wird Personal benötigt, das sich mit Appverwaltung auskennt.

2. Vereinshass

   Es kann passieren, dass Vereinshass ausgeübt wird, indem der App geschadet wird. Zum Beispiel durch negative Forum-Einträge, um den Verein schlecht zu machen oder auch durch versenden von Viren durch die App. Die Problemlösung kann oft sehr aufwendig sein

3.5 Steigerung des Bekanntheitsgrades der App

1. Die App könnte mit einer Werbeanzeige in der Regionalen Zeitung vorgestellt werden. Am Besten mit einem QR-Code. Smartphone-Nutzer müssten dann nur die QR-Code-App öffnen und den Code abscannen. Dadurch würde sich sofort der App-Store mit der Vereinsapp öffnen und man müsste nur auf „Herunterladen" drücken.

2. Herausfinden wo sich die Zielgruppe also potenzielle Nutzer für die App befinden. Potenzielle Nutzer befinden sich Hauptsächlich im Verein Vorort also könnte man auch dort die App mit Werbebannern, Postern und Flyern präsentieren.

3. Promotion-Aktionen in der Region und an Auswärtsettkämpfen bzw. Spielen veranstalten. An Auswärtswettkämpfen der Vereine befinden sich sportinteressierte potenzielle Appnutzer, die man durch gute Vorstellung der App als User generieren kann.

4. Das Social-Network nutzen, indem man zum Beispiel bei Facebook eine Anzeige zur App mit einem direkten Download-Link aufgibt. Die Anzeige kann man so Sichtbar machen, sodass sie nur Menschen bekommen, die nur in der Region Unterwegs sind.

4 Sponsoring

4.1 Fiktives Wirtschaftsunternehmen StrongStep

Das Unternehmen ist eine Sportmarke Namens StrongStep (StSt), der vor ca. einem Jahr neuerartige Laufschuhe auf den Markt gebracht hat. Dem Hersteller sind die Schuhe beim Laufen so bequem, dass die Ermüdung der Beinmuskulatur später Auftritt als bei herkömmlichen Laufschuhen. Außerdem sind die Schuhe so entwickelt, dass der Läufer beim Laufen eine Haltung einnimmt, die beim Laufen Energiesparender ist. Der Läufer hat die Möglichkeit in kürzerer Zeit eine lange Distanz abzulaufen, durch die Krafteinsparung beim Laufen.

Die Zielgruppe:
Die Zielgruppen sind Männer, Frauen und Kinder. Abgrenzungsmerkmale sind bei männlich und weiblich die Form des Schuhs und bei Kindern gibt es die Schuhe in kleineren Größen. Die Designs bei Männern sind ausgerichtet auf eher dunklere Farben und Muster und bei Frauen eher hellere Farben. Auch Angeboten Farben für männlich und weiblich. Für Kinder gibt es Designs mit Autos, Bärchen, Elefanten und Prinzessinnen.

Das Produkt:

Die Schuhe werden angeboten in verschieden Farben mit und ohne Schnürsenkel. Besonders interessant für Kinder ist ein Laufschuh ohne Schnürsenkel in der Lieblingsfarbe. Außerdem lassen sich auch Extraanfertigungen herstellen, für Läufer die eine spezielle Schuhgröße haben oder zwei verschiedene Größen benötigen. Dadurch dass man sich auch für eine Farbe und ein Design entscheiden kann, besteht die Möglichkeit den Schuh für Jeden Geschmack herzustellen. Außerdem lässt sich der Schuh auch als Straßenschuh benutzen, da er sehr bequem ist und dafür sorgt, dass man eine gesunde Rückenhaltung hat.

Distribution:

Derzeit findet ein Direktvertrieb über einen Onlineshop von StSt statt. Ab Juli 2017 werden die Schuhe Deutschlandweit in verschiedenen Sportgeschäften angeboten.

Verwendete Kommunikationsinstrumente:

Bisher hat StSt hauptsächlich auf Laufveranstaltungen mit Flyern geworben. Die Flyer wurden von beauftragten Promotern verteilt an Männer, Frauen und Kindern. Auf dem Flyer waren einige Schuhmodele zu sehen sowie die Internetseite von StSt, bei der man die Laufschuhe bestellen kann.

Der effektivste Kommunikationsweg war Facebook und Instagram. Es wurden Seiten von erfolgreichen Sportlern und Models genutzt. Die erfolgreichen Sportler und Models veröffentlichten Bilder mit dem Sportschuh und schrieben meist ein paar positive Worte dazu. Viele Fans reagierten schnell darauf und kauften den Schuh im Onlineshop nach.

4.2 Sponsoringprozess

Psychologische Ziele:

1. Überzeugung der Zielgruppen vom Produkt. Die Zielgruppe soll vom Produkt begeistert werden. Sie sollen dem Produkt direkt mit dem ersten Kontakt Vertrauen schenken und den Nutzen schätzen.

2. Der Begriff StrongStep soll den Zielgruppen im Kopf bleiben. StrongStep soll Kraft und Laufleistung emotionalisieren. Das soll für Imagestärkung sorgen

Sponsoring-Einzelmaßnahmen:

1. Dafür sorgen, dass die Marke StSt auf jedem T-Shirt des Läufers zu sehen ist, sodass jeder Zuschauer das Logo der Marke deutlich erkennen kann.

2. Streckenverpflegung nach 5, 11 und 17 Km durch Trinkflaschen mit Wasser für die Läufer. Auf den Trinkflaschen soll das Logo und die Internetseite von StSt zu sehen sein. Dazu gibt es Immer Traubenzuckerbonbons in Form eines Laufschuhs. Auf der Verpackung soll das Logo von StSt drauf sein. Jeder der Läufer der an das Ziel kommt erhält einen Online Einkaufgutschein von StrongStep. Die Platzierungen 1 bis 4 beim Halbmarathon und die Platzierungen 1, 2 und 3 beim 10- km-Lauf erhalten ein ganz neues Paar, welches sie sich selber zusammenstellen können.

3. Die Banden an der Straße an der die Läufer laufen, sollen bedeckt sein mit dem Logo der Marke StSt und einem Werbeslogan der zum Denken anregen soll.

4. An Jedem Checkpoint nach 5, 11 und 17 Km bzw. dort, wo sich die meisten Zuschauer aufhalten werden Zelte aufgestellt, in denen man die Schuhe sehen, anfassen, anprobieren und kaufen kann. Außerdem werden in jedem Zelt Laufbänder aufgestellt, sodass die Schuhe getestet werden können, um die Kaufentscheidung zu vereinfachen. Durch Glücksräder sollen die Zuschauer an die Zelte gelockt werden. Es werden Gewinne angeboten wie Gutscheine für die Laufschuhe, Turnbeutel mit dem Logo der Marke und Süßigkeiten.

5. An der Läufermesse am Vortag erhalten die Läufer einen Turnbeutel mit dem Markenlogo von StSt. Im Turnbeutel werden sich ein Schuhkatalog von StSt Traubenzuckerbonbons mit dem Logo von StSt und Teilnahmeunterlagen mit dem Laufshirt befinden. An der Läufermesse sollen ebenfalls Zelte aufgebaut werden, wie während des Marathons, in den man den Schuh anschauen, anfassen, testen und kaufen kann.

4.3 Erfolgskontrolle

Während des Laufevents soll dafür gesorgt werden, dass Fotografen für Zeitungen und Online-Plattformen das Logo und den Namen der Marke immer gut sichtbar mit auf dem Bild haben. Dadurch kann die Marke auch später in der regionalen Zeitung und auf Online-Plattformen präsentiert werden ohne finanzielle Aufwendungen.
So können auch Menschen erreicht werden, die nicht an der Veranstaltung teilgenommen haben.
Durch Umfragen an die Läufer und Zuschauer, kann man sich eine Kritik über die Aktionen der Laufmarke StSt einholen.
Außerdem kann man teilweise durch Kontrolle der Verkaufszahlen später schauen wie sich die Sponsor Aktionen ausgewirkt haben, ob sie ein Erfolg waren oder nicht.

5 Literaturverzeichnis

Hirte J. (2009). Modell Hoffenheim - Das Phänomen Hoffenheim-Eine Analyse von Konzept und Leistungsvoraussetzungen des Modells 1899 Hoffenheim. Bachelorarbeit, Hochschule Mitwaida, Karlsruhe. Link: http://docplayer.org/31585022-Das-phaenomen-hoffenheim-eine-analyse-von-konzept-und-leistungsvoraussetzungen-des-modells-1899-hoffenheim.html

Dietmar Hopp kauft Hoffenheim Zugriff am 21.04.2017. Verfügbar unter http://www.handelsblatt.com/sport/fussball/tsg-mitglieder-einstimmig-dietmar-hopp-kauft-hoffenheim/11351486.html

Das Geheimnis der TSG-Jugend: Der Hoffenheimer Weg Zugriff am 23.04.2017. Verfügbar unter http://www.goal.com/de/news/3643/exklusiv/2016/09/07/27251122/das-geheimnis-der-tsg-jugend-der-hoffenheimer-weg

Junioren Bundesliga Zugriff am 23.04.2017. Verfügbar unter http://www.dfb.de/a-junioren-bundesliga/start/

Mitgliederzahl 1. FC Kaiserslautern Zugriff am 23.04.2017 http://www.bundesliga.de/de/clubs/1-fc-kaiserslautern/daten/

Hopp: Hoffenheim soll ab 2018 ohne Mäzen funktionieren Zugriff am 24.04.2017. Verfügbar unter http://www.sueddeutsche.de/news/sport/fussball-hopp-hoffenheim-soll-ab-2018-ohne-maezen-funktionieren-dpa.urn-newsml-dpa-com-20090101-140406-99-00665

Mitgliederzahlen Bundesliga Vereine Zugriff am 24.04.2017. Verfügbar unter http://www.90min.de/de/posts/4093852-so-viele-mitglieder-haben-die-bundesliga-clubs

TSG 1899 Hoffemeim International Zugriff am 24.04.2017. Verfügbat unter http://www.t-online.de/sport/fussball/bundesliga/id_80955168/fussball-hoffenheimer-europa-trip-frueh-gebucht.html

Vereinsappentwicklung Zugriff am 25.04.2017. Verfügbar unter http://vereinsapp.sportdeutschland.de/

Durch Mehrwerterhöhung Kunden begeistern Zugriff am 25.04.2017. Verfügbar unter http://www.perspektive-mittelstand.de/Kundenbindung-Durch-Mehrwert-Kunden-begeistern/management-wissen/658.html

Sponsoring Zugriff am 26.04.2017. Verfügbar unter http://www.daswirtschaftslexikon.com/d/sponsoring/sponsoring.htm

6 Tabellenverzeichnis

Tab 1. SWOT-Matrix……………………………………………………………….7
Tab 2. Hypothetischer Verein…………………………………..……………….…12
Tab 3. App Inhalt……………………………………………………………….…..13

BEI GRIN MACHT SICH IHR WISSEN BEZAHLT

- Wir veröffentlichen Ihre Hausarbeit, Bachelor- und Masterarbeit

- Ihr eigenes eBook und Buch - weltweit in allen wichtigen Shops

- Verdienen Sie an jedem Verkauf

Jetzt bei www.GRIN.com hochladen und kostenlos publizieren